그리움의 바다에 이는 파도

그리움의 바다에 이는 파도

진 영 학 시집

초승달 글방

序文

그리움은 언제나 뒤늦게 찾아오는 손님인가 봅니다

한때 너무 가까워 그 존재조차 느끼지 못했던 사람들, 풍경들, 그리고 시간들이 멀어지고 나서야 비로소 마음 한편에서 조용히 불을 밝힙니다

누군가는 그리움을 아픔이라 하고, 누군가는 그것을 살아 있음의 증거라 합니다
내게 그리움은 멀리 떠난 사람의 얼굴 속에서 아직 꺼지지 않은 빛이었습니다
그 빛이 나를 걷게 했고, 쓰게 했으며, 결국 시로 남게 했습니다
책에 담긴 시들은 모두 사라진 것들을 향한 조용한 손짓입니다

이 시집이 누군가의 가슴에 담긴 그리움 한 조각을 위로해 줄 수 있기를 바라며 열두 번째 시집을 독자들께 바칩니다

2025년 12월
서정동 점촌 초승달 글방에서
저자 진 영 학

제1부 그리움이 머문 자리

序文_5

아직도 그대가 그립다_13
그리움 1_14
님을 찾아서_16
나그네 길_17
그리운 날에는_18
맺지 못한 인연_19
심창_20
그리워지는 날에는_21
보고 싶다_22
보고 싶은 님_23
저녁 운동을 하며_24
평택호에서_25
아직도 그대는_26
그리움의 날개_28
그리움의 바다에
이는 파도_29

그리움이 머문 자리_30
창문 너머 그대_32
창가에 머무는 마음_33
지금도 널_34
청춘의 연가_35
널 그리워하며_36
식은 찻잔 속에 그리움_37
보고 싶은 마음_38
기다림의 시간 속에_39
봄 바다에 피는 그리움_40
너에게 보낸다_41
보고 싶은 그대에게_42

제2부 그리움의 항로

가을밤의 추억_45
다시, 그 길 위에서_46
고독의 강_47
답장이 없는 편지_48
추억_49
강변을 거닐며_50
고향 소식_51
그리움의 언덕_52
블랙홀 사랑_53
잊지 못할 인연_54
놀이터에서_56
그리움의 항로_57
가슴앓이 1_58
행복_60
짝사랑_61

눈먼 사랑_62
그리움의 상자_63
금강 둑을 걸으며_64
가슴앓이 2_65
탐문_66
슬픈 연가 1_67
그리움 2_68
낯선 길_69
손 편지_70
그리움이 없는 사랑_71
그 사람_72
인연 _73
이충 분수공원에서_74
슬픈 연가 2_76
청춘은 떠나가고_77
복숭아 처녀_78

제3부 그리움의 강

그리움의 강 1_81
불 꺼진 방_82
신 고려장_83
빈자리 1_84
핵가족_85
대폿집에서_86
감나무 바라보며_87
보고 싶은 어머니_88
상처 1_89
미끄럼 놀이_90
모정_91
털장갑_92
그리움의 강 2_93
그리운 어머니_94
그리움 3_95

봄이 오면_96
붉은 단풍잎_97
200자 원고지_98
슬픈 연가 3_99
후회_100
상처 2_101
그리움이라는 이름,
    어머니_102
빈자리 2_103
당신의 자리_104
그립습니다, 어머니_106
살구_107
징검다리_108

제4부 추억 속에 갇힌 그리움

약속 _111
꽃비 내리던 날 _112
태양 _113
1번국도 _114
봄비 _115
평택 노을 _116
비오는 날 창가에서 _117
오늘 밤 _118
단풍 계절에 _119
진눈깨비 _120
별을 바라보며 _121
추억 속에 갇힌 그리움 _122
수증 연기 _123
호수 _124
맷돌포 _125
물소리 _126
그리움 4 _127
아침 이슬 _128
빈 봄 _129
봄의 끝자락에서 _130
밤 비 _132
슬픈 연가 4 _133
바람 부는 날 _134
늦가을 _135
가을 _136
그리움 5 _137
참깨 밭에서 _138
그리움 삭인 편지 _139
네온사인 _140
설화 _141

제1부

그리움이 머문 자리

아직도 그대가 그립다

별처럼 반짝이다 스쳐간 그대와
그리움에 젖어 살아온 지난날들
서로의 마음을 깊이 알기엔
그때 우린 너무도 서툴고 미숙했어요

달콤한 착각 속에 빠졌던 만남은
운명처럼 다가온 걸 알지 못한 채
짧았던 인연 속 그날 돌아섰을 때
미칠 듯한 아픔이 가슴을 찔렀어요

헤어질 때 그대의 말이 독백처럼
세월이 지나도 여전히 재생되는데
마음속 깊이 자리 잡은 그대의 마음
나만이 연모하는 짝사랑이었나요

마음속에 떠나지 않는 그리운 이여
손끝에 닿을 듯 말 듯 한 삶을 살며
끝내 그리움을 품고 살아온 당신도
그날의 호기로움 잊지 않았겠지요

그대와 나의 가슴속에 간직한 추억
이 세상 끝날 때까지 지우지 않을래요.
사랑조차 몰랐던 그 시절 순수함의 향기
때 묻지 않은 순백의 사랑이었죠

그리움 1

1.
너를 가슴에 새긴 후
내 안에 아픔이 생겼다

눈을 뜨면 떠오르고
눈을 감으면 밀려오는

너를 보고 싶은 마음

2.
물안개가
그대 마음속 깊이
바람결에 실려 가면
내 마음 깊은 곳에
그대 생각이
안개처럼 퍼져든다

3.
그대를 생각하면 보고 싶고
눈을 감으면 더욱 생각이 난다

내 가슴속 이 마음
지워지지 않고 가슴 깊이 흐른다

그대와 내가 사라지지 않으면
지울 수 없는 아픈 마음

님을 찾아서

당신을 사랑할 수 있다는 것은
나에게 크나큰 행운이라 할 수 있죠

사랑이 무엇인지 몰랐던 세월은
너무도 빠르게 강물처럼 흘러갔네요

짧았던 인생길 위에 스쳐간 인연들은
이제 애끓는 가슴 앓이도 사라졌어요

운명이란 그리움이 서린 흔적이라 하죠
한 번쯤 그 안에 머물며 느껴보고 싶어요

세월은 노래의 음률처럼 흘러가지만
모두 다 아름답게만 들리지 않았어요

이 풍진 세월 속에 함께할 인연이라면
이 생명 다 바쳐 당신에게 빠져들고 싶어요

나그네 길

하늘이 열릴 때까지 찾아가는 인생길
발바닥이 터지면 쉬어가는 나그네
그리움에 젖은 가슴 달래줄 그리움
아지랑이 너울 타고 떠나간 봄날 청춘
보고파 그리워서 깊은 시름 젖습니다

하늘이 닫힐 때까지 걸어가는 인생길
마음마저 무너지면 세워가는 나그네
그리움이 스며들면 그만큼 그리워져
낙엽 지는 늦가을 찾아온 따스한 손
사랑이 그리워서 당신을 맞이합니다

그리운 날에는

눈 오는 날에는
가슴속 깊은 그리움을 깨우자

바람이 불면
은은한 꽃향기처럼 다가온 그리움

내 마음 깊이 녹아들어
불꽃처럼 타오르며 심장을 불태운다

그리워야 사랑은 자라나고
사랑 속에서 그리움은 피어난다

그리운 날에는
마음의 문 활짝 열어 그리움을 품자

맺지 못한 인연

당신이 그리워
불러보는 내 마음
애만 태우며
다가가려는 내 가슴

당신의 눈빛 속에
묻힌 말
허공 속에 사라진
맺지 못한 인연

그리워한들
그림자처럼 멀어진 당신
내 그리움을
바람에 실어 보냅니다

심창(心窓)

그대 가슴이
내가 그리워지면
마음의 문을 열어주오

고독한 인생길
사무친 그리움이
그대를 찾아올 터

그대 가슴에
내가 그리워지면
살며시 내 가슴 열어보오

구름 따라 흘러가는
외로운 나그네 되어
그대를 맞이할 터

그리워지는 날에는

그리워지는 날에는 그리운 님을 찾아
가슴속에 떠오르는 그리움의 파도 씻어내자

파도가 밀려오듯 물결 속에 흔들리며
솟구치는 그리움에 무거워지는 가슴

그리워지는 날에는 그리운 님을 찾아
손끝에 스며드는 따스한 온기를 나누자

구름 따라 흐르는 세월을 부여잡고
행복의 씨앗을 틔워 함께 길러 나가자

보고 싶다

그리움에 목 놓아 불러보는 그대
보고 싶다 소리쳐보아도
대답 없는 허공 속에 퍼지는 메아리

달빛에 스며들었나
별빛에 스며 들었나
그대 가슴엔 메아리도 없다

보고 싶어 소리쳐보아도
그대를 찾는 목이 타는 듯 아픔만 남고
어둠 속으로 녹아든 그리움

보고 싶은 그대
떠나간 마음이 언제 돌아오려나
내 가슴에 사랑이 담길 수 있을까

보고 싶은 님

그립다 생각할 때마다
떠오르는 그대 얼굴
내 마음의 깊은 곳에
숨결처럼 새겨져 있나 봐요

잊으려 해도
사라지지 않네요
이 마음 깊은 곳에서
아픔으로 자라나고 있어요

어두운 밤 그대 얼굴은
달빛처럼 내 마음에 떠오르고
이생의 끝자락에서
그대와 다시 만날 수 있을까요

기다리고 또 기다려도
소식 없는 그리움이여
눈을 감으면 사라질 모든 것들
이 그리움을 놓아줄 수 있을까요

저녁 운동을 하며

텅 빈 공원 고요한 밤
찬바람 속 노란 잔디밭은
달빛만이 거닐고 있다

어두운 길가 모퉁이
가로등이 불을 밝히고
구름 뒤 달이 고개를 내민다

발길이 끊어져 잠들어가는
공원의 하늘에 흰 구름
야경을 찬란하게 수놓는다

그리움에 잠겨
잔디 사잇길 걷고 있는 나
달빛이 외롭지 않게 손잡아 준다

평택호에서

눈을 크게 뜬 채 그대를 보려 하니
보이지 않아 눈을 감았습니다

머릿속 잡념 사이로
그대의 모습이 살며시 떠올랐지요

눈을 뜨면 그대가 사라질 것 같아
두 눈 꼭 감고 그리움에 잠겼습니다

아직도 그대는

삶의 고갯길을 내려가며
앞만 보고 달려온 길을 내려놓고
푸른 솔처럼 서있던 시절을 떠올립니다

무슨 말이 그리도 많았는지
앵무새처럼 내 귀를 간지럼 피며
작은 가슴을 키워 갔지요

지나가는 바람도 우리의 모습을 보고
쑥스러운 지 먼발치로 돌아가고
그 시절 우리의 마음에 꽃이 피어났다고 확신했습니다

좋은 일에는 좋지 않은 일이 오듯
젊음을 가두어버린 벽이 갈라놓은 생이별
그 세월에 볼 수 없다는 건 내 마음이 찢어지는 고통이었죠

새가 새장에 갇혀 살면 날 수 없듯
그대를 만날 수 없는 삶이 길어질수록
우리의 가슴이 길을 잃고 헤매었나 봅니다

손을 잡아 주어야 온기를 느끼고

눈길을 자주 주어야 가슴을 느끼는데
그 세월이 너무도 가혹한 시간이었습니다

세월이 흐른 지금 다행스러운 것은
몸은 멀어져 있어도 옛이야기가 살아있어
내 가슴을 그리움으로 다시 가득 채워줍니다

아직도 내려갈 길이 남아 있어
내 가슴에 남은 그리움을
이 고갯길 끝나기 전에 가져가면 어떨까요

그리움의 날개

내 마음을 가득 채운 그대의 모습이
회오리바람에 날아가는 한 장의 꽃잎처럼
멀어져 가는 듯한 싱그러운 봄날

하늘 가득 빛이 쏟아질 때면
그대를 찾아 떠나는 나그네가 되어
낯선 길모퉁이에 그리움의 발자국을 남긴다

단단히 엮였던 우리의 삶이
몸이 멀어지자 마음도 차츰 식어
불 꺼진 무쇠솥처럼 냉기가 감돈다

불을 다시 지피면 곧 타오르리니
지난날 보다 더 단단할 텐데
불러보아도 닿지 않는 마음이 아프다

시간이 흐르면 진심이 닿겠지
그대를 향한 내 마음엔 변함이 없어
오늘도 가슴 깊이 품은 채 살아간다

그리움의 바다에 이는 파도

숨 막히게 파고드는 그리움
가슴 끝에 이슬처럼 매달려
너의 마음 바다에 조각배 띄운다

밤 파도는 가슴 언저리를 두드리며
그리움의 불씨를 품은 채 숨기고
내 마음은 달빛 돛을 올려
고요히 너를 향한 항해의 닻을 올린다

닿을 듯 손끝에 맴도는 너의 마음
이른 아침 숨죽인 파도 위로
햇살이 수면에 첫 입맞춤을 건넨다

깊은 물결 아래 잠든 그리움이
마음의 뱃고동을 울리며
너라는 항구의 불빛에 이끌려 닿는다

그리움이 머문 자리

한세상을 살면서
잊을 수 없는 그대 때문에
나의 삶은
그리움으로
가슴이 가득 채워졌다

길을 걷다
지나치는 여인의 뒷모습이
그대를 닮아
무심코 따라가 본적도 있었고

잠자리에 누워
옛 추억을 떠올리다 보면
그리운 그대 생각에
뜬눈으로
밤을 지새운 적도 있었다

찰나의 인생길에
그리움을 심어준 사람아

이토록 마음 깊이 남는 건
단지

사랑의 아픔이 아니었음을

저물어가는 황혼 녘
푸르른 청춘의 아름다움은 떠났지만
남은 생의 굴레 굴리며
너무도 아팠던 시절을

이젠
지우고 싶다

창문 너머 그대

내 그리움이 그대에게 닿으면
그대여
창을 살며시 열어 주오

멀리서 불어온 나의 마음
그대 창가에 머물 수 있게

창가에 머무는 마음

너의 마음이 다가오지 않으면
날마다 그대 창가에 앉아
열리는 창문 틈으로
그리운 마음 띄워 보내리

그대 가슴에 스며들게

지금도 널

지금도 나는
너를 그린다

파도처럼 밀려오는
너의 따스한 숨결을

허브 향처럼 스며드는
너의 잔잔한 속마음을

늘 손을 잡고 있어도
나는 네가 그립다

내 안의 너를
지우개로 지울 수 없다

청춘의 연가

인생의 1막이 조용히 저물면
그대도 잊힐 줄 알았습니다

잊으려 애쓸수록
그리움은 조용히 가슴을 물들였지요

마음속 낡은 사진을 찢어버리고
홀가분한 날들을 꿈꾸었지요

폭풍우처럼 몰아치는 날들
아직도 가슴속에 깊이 박힌 이야기

그대와 이어온 장면 장면마다
잊지 못할 속삭임이 있었지요

어느 날 불현듯 되살아나는
푸르던 청춘의 연가 한 구절

한 줄의 시처럼 아득히 남은
그대와 나의 오래된 계절

널 그리워하며

너를 가슴 깊이 새겨두고
아무 말 없이 떠나보내면
이 가슴에 그리운 바람이 분다

그 바람을 따라
내 마음은 너에게로 흘러
이름 모를 그리움으로 남는다

그리움은 끝이 없어
저 먼 하늘 속에 닿고
바람결에 너의 이름을 불러 본다

식은 찻잔 속에 그리움

하늘이 파랗게 맑은 날
그리움 한 줌 설렘에 감싸 전철에 실었다

조용히 문 연 카페엔
여전히 비어있는 당신의 자리
창가에 앉아 전망 좋은 시간을 마신다

시켜놓은 찻잔의 온기가 식어가도
그 사람은 끝내 문턱을 넘지 않고
흔들리는 마음은 나에게 묻는다
이 기다림 언제쯤 멈춰야 하냐고

나를 붙드는 건 다름 아닌
지나간 시간들의 그리움
오늘의 시간은 왜 그대 없이 흐르는가

보고 싶은 마음

하늘에 뜬 달을 보면
그대 얼굴이 떠오르고
고요히 그대를 생각하면
어두운 밤이 하얗게 피어납니다

밤하늘에 흩어진 별들
그리움만큼 따낼 수 있다면
작은 빛 하나하나에
내 마음 담아 그대 가슴에 달겠어요

칠흑 같은 밤의 벽 너머로는
손닿지 않는 그대의 숨결
날이 환하게 밝아 오면
꽃 한 송이 들고 그대를 마주하리다

기다림의 시간 속에

커피 한 잔을 앞에 놓고 돌아보는 조용한 카페
홀로 앉은 외로움이 밀고 오는 쓸쓸함에
짝을 찾는 젊은 시절 흘러가는 이 시간은
주단을 펼쳐놓고 손잡을 듯 가까운데
고독한 이 내 마음엔 그리움만 밀려와
식어가는 찻잔 위에 그리움만 쌓인다

아 보고 싶은 사람아
그대는 어디에서 내 가슴을 조용히 흔들고 있는지
보고 싶다 보고 싶다
불러보아도 허공으로 흩어지는 덧없이 부르는 이름이여
떠나보낸 그리움은 메아리로 돌아와
내 마음은 고독의 강물 위로 떠내려간다

기다림의 시간 속에 오늘도 그댈 부른다

봄 바다에 피는 그리움

추위가 물러난 봄의 들녘
남녘에서 부는 봄바람
살며시 마음을 흔든다

불어오는 훈풍에
동면에서 깨어난 풀꽃
조심스레 몸을 펼친다

단풍잎 져가던 날
함께 떠난 그대 모습
그리움이 가슴에 쌓인다

아지랑이 너울 타는 봄 바다
꽃비 흩날리는 지평선 위
그대 마음 다시 피어날까

너에게 보낸다

그리다가 설친 그 마음
아니 잊어야겠지요

기다리다 지친 내 마음
아니 잊어야겠지요

머나먼 길
나그네처럼 걸어가며
님을 찾아 헤매는 빈 걸음

그리워 기다리던
님 향한 마음
아니 보낼 수 없지요

보고 싶은 그대에게

내 인생을
송두리째 가져간 사람아
죽는 날까지
이 슬픈 연가를 부르게 할 텐가

삶의 뒤안길에서
외로움에 젖어 살아가는데
왜 그리움만 남겨두었는가

오늘도
내 모든 것 품어낸 그대를 그리며
눈을 감는다
그대가 너무 보고 싶어서

제2부

그리움의 항로

가을밤의 추억

노랗게 쌓이는 길 위에
반려견과 호흡 맞추며
야경의 불빛 아래 발자취 남긴다

그리운 이와 함께라면
노란 비가 내리는 거리에서
이 밤은 더욱 빛날 텐데

혼자가 아닌 이 길
반려견과 함께 걸으며
이 밤을 한순간 가슴에 새긴다

다시, 그 길 위에서

당신이 나를 홀로 두고 떠나가던 날
미소가 사라져 잿빛으로 변한 얼굴 위로
이 가을처럼 차가운 비가 내렸지요

지나온 날들이
당신과 내게 그리움이 될 줄
꿈에도 몰랐던 지난 세월의 인연

이룰 수 없는 사랑을 잃은 상실감에
무너져 내린 마음은 심연의 늪에 가라앉아
두 볼에 흐르는 눈물을 받아 호수를 이루네요

어디로 가야 할지 모르는 내 발걸음은
끝 모를 인생길을 헤매는 고달픈 여정
당신이 다시 어둠을 비춰줄 수 없나요

우리가 다시 만날 길이 열려준다면
운명이라 받아들이고 희망을 들고 갈게요
당신은 나에게 가로등처럼 따스한 빛이었어요

고독의 강

퀴퀴한 냄새가 코를 막는 쪽진 방
고독한 그리움이 콧속으로
화물기차 구름처럼 밀려오면
숨을 쉬지 못하는 곳에서도
고독의 삶을 살고 있다

잘 살아보자는 씨앗 뿌리고
눈부신 한강의 경제 발전에
젊음을 살라 온 인생
그늘진 곳에 누워
반려견과 삶을 나누고 있다

나이테가 감기는 것도 모른 채
지난 삶이 쌓아놓은 공들인 금고
사랑의 꽃들을 피워주기 위해
호주머니는 고지서 입에 털어 넣고
단풍조차 지워진 불씨가 되었구나

어둠 속에서 빛을 준 인연
들려주는 한마디 한마디
살아있는 숨결 살펴주고 있거늘
등골을 빼간 삶들은 늙지 않으려나
그리움만 키워주고 있구나

답장이 없는 편지

짧았던 만남의 인연은
손을 잡고 걸어온 고달픈 인생길에
가슴속 울림으로 남은 그리움

운명은 그대의 그림자만 남겨놓고
그리움은 세월을 안고
어둠 속으로 흐르는 강 건너에 있다

세상 사람은 속일 수 있어도
영혼은 속일 수 없다는 말

묘비에 새겨진 글자들 속엔
살아 있을 때 못한 말들
아쉬움, 후회, 그리고
끝내 전하지 못한 그리움과 사랑이 담겨 있다

막걸리 한 잔을 마시며
거나하게 취하기 전에 편지지 펼쳐보았지만
그리움에 써 내릴 수 없었던 편지

님의 묘비 앞에 엎드려 쓴 편지
세상에서 가장 순수한 마음이 담긴 편지
오지 않을 답장인 걸 알면서도 그리움만 더 커져간다

추억

실개천 물가에 발을 담그면
떠오르는 어린 시절 그리움 속 그 얼굴

버들가지 꺾어 피리 만들어 불면
얼굴이 붉어지게 귀 기울이던 너

모닥불 피우던 친구들은 소식 전하거늘
내 가슴을 흔들던 너만큼은 침묵 속에 남아 있다

허공에 불러 본들 메아리만 돌아오니
그리움이 하늘 끝까지 드리우는 것 같다

강변을 거닐며

눈꽃이 흐드러진 강가
깍지 낀 손 호주머니에 넣고
가슴을 데우며 이 길 걸었었다

강가 모래사장 짝을 찾은 기러기
사랑을 나누느라 여념 없고
찬바람이 샘이 났나 질투한다

나의 잃어버린 사랑이 멀어져 가듯
너의 가슴에도 시린 아픔이 다가올 터
지나간 기억이 떠오르는구나

구름이 걷히면 다시 나와
마음속 그림자 지우며 잊자
행복했던 지난날만 떠올리며

고향 소식

한적한 시골길은
고요가 짙게 깔리고
들려오는 풀벌레 소리
가슴이 편안해진다

시끌벅적했던 골목길
뛰어놀던 친구들의 웃음소리
지우개로 지워진
어린 시절 고향 길

그리움은 사라지고
밀려오는 낯설음
산 중턱 다녀오는 길에
들을 수 없는 고향의 향기

그리움의 언덕

떠나가는 그리움이 손을 흔들며
다시 돌아올 날
손꼽아 기다리겠노라 약속한 날

낙엽은 철없이 내 머리 위로 떨어지고
바람은 길거리로 불어와 모퉁이로 쌓이고
내 눈은 얼어붙은 그림 속 길을 따라 멈춰 있다

그림을 그려내야 한다 잃어버린 빛을 찾아
청춘의 고요한 세계를 그려내어
끝없는 인생길 그의 마음속에 속삭여야 한다

우리에게 주어진 100년의 인생
벌써 가을 빛 노을 속을 걸어가고 있다
겨울이 끝나기 전에
잃어버린 별을 찾아 나설 이유는 무엇인가

떠나간 그리움이 다시 돌아오는 날
나는 님의 손끝에 그리움의 흔적을 새기며
그리워했음을 님의 가슴에 전하렵니다

블랙홀 사랑

촛불의 속심지처럼
너의 마음은 고요히 박혀
내 불꽃같은 갈망에도
단 한 줄기 연기도 피우지 않더라

보고 싶은 내 마음이
작은 너의 마음 언저리를 맴돌 때
열린 메시지의 창은
잔물결만 남기곤 곧 잠기더라

사랑은 퍼줄 수 있어도
묵묵히 등 돌린 너의 침묵은
내 마음의 가장 밝은 별마저
집어삼키는 블랙홀이 되었지

푸르른 들녘을 지나
바람에 흔들리는 갈대처럼
네 손에 담아주려는 마음에도
넌 구름 뒤에서 눈을 감고 있었지

잊지 못할 인연

그대가 보내준 오늘의 소식은
내 가슴을 밝혀주는 영혼의 속삭임
따사로운 햇살처럼 퍼져왔어요

읽고 또 읽어도
두 눈을 통해 내 가슴에 전해오는
그대 마음의 흔적들

고독한 나그네 길을 걷는 나에게
인생길 한 모퉁이를 비추는 별빛이 되어
운명의 끈을 묶어주었어요

외로운 삶의 길을 홀로 걸을 때
그리움이 내 몸을 감싸며
아픈 기억이 가슴을 찔렀죠

그 시절이 우리에게
변치 않을 마음으로 깊게 얽히고
푸른 꿈의 나라 함께 그려갔어요

하고픈 말들이 많았지만
비껴가는 우리의 인생길에서

불안의 그림자가 짙어졌어요

그마저도 풋사랑의 가슴으로
생의 아름다운 날들이 펼쳐질 것이라
착각 속에 그리움만 가슴에 피어났어요

이제 저물어가는 노을처럼
우리의 머리 위로 흩날리는 구름 속에
그리움만 가슴에 남아 희미해지네요

이 세상의 끝에서 다시 만날 수 없다면
다음 생에서라도 우리의 흔적을 남겨두고
잊지 말고 다시 찾아오기를 소망해요

놀이터에서

차가운 벽에 갇힌 콘크리트 안에서
홀로 고독한 길을 걷고 있는 노년은
놀이터 나무 의자에 언제나처럼 앉아 있다

낙엽이 떨어지고 찬바람이 불어와도
놀이터 입구를 바라보며 눈 떼지 못하고
차가운 공기 속에 쌓인 숨결에 쿨럭인다

따스한 집에 앉아 쉬는 것이 좋으련만
날마다 자리를 지키며 누군가 기다리고
쓸쓸한 바람을 닮은 기다림이 흐른다

잘 살자고 허리 졸라맨 소리 없는 가족
외로운 노년의 가슴속엔 보고픔이 자리를 잡고
이제나저제나 그리움을 기다리고 있는 듯했다

그리움의 항로

그리움을 품은
내 가슴은
그대를 사랑하는 불꽃

그 마음을
그대 가슴이 받아주지 않아
그대를 그리워하는 것

그리움을 가슴 깊이
간직하지 못한 삶은
빈 항로를 떠도는 배

살며 살아가며
마음속 휘몰아친 가슴 앓이가
그대를 여물게 한다

가슴앓이 1

난 알아요
그대가 나를 가슴속에 품고 있는 이유를
그대 마음이 내 곁을 떠났다면
이 가슴에 피어날 그리움 없었겠지요

인연이라 하는 것이 가슴속에 새겨져
지울 수 없는 흔적처럼
아직도 그대를 그리워하고 있음을

그리움에 사무쳐 그대 안에 살고 있음을
그대는 아시나요

인생길에서 맺은 인연은 지울 수 없게
가슴속 깊이 새겨져
시나브로 그대가 떠오를 때마다
가슴을 아리게 하는 것은 왜일까요

이승이 나를 밀어낼 때까지
그대 안에
내가 깃들기를 바래도 될까요

운명이 밀어내는 것은 알지만

그대를 향한 애착이 떠날 때
내 마음엔 깊은 상처만 남았어요

기억해 줘요
우리 함께 엮은 세월의 흔적을
그 속에 숨겨진 내면의 이야기를

행복

세상에서 가장 기쁜 것은
조용히 밤을 지나
새벽의 첫 빛에 물들며 눈을 뜨는 것

잠자리에서 고통 없이 일어나
사랑하는 이들의 맑은 미소를 마주하며
따스한 온기 속에서 숨결 나누는 것

하고 싶은 일에 열정을 불어넣고
빈손으로 세상과 자신을 비워내며
자유롭고 평화롭게 살아가는 것

이 세상 소풍을 조용히 마치고
함께한 인연들 속에서
그리움으로 떠나는 것

짝사랑

그대의 말 한마디
내 마음을 흔들고

나의 가슴은
그대를 그리움으로 채운다

내 가슴 깊이 스며든
사랑의 속삭임

눈먼 사랑

바람이 없는 창공에
흰 구름 그려 넣듯
그대 얼굴 그립니다

눈, 코, 입 그리고
귀를 그려 넣으며
가슴속에 다가갔지요

그림 속 그대 마음이
내 가슴에 남아
마음 깊이 스며듭니다

그리움의 상자

그대를 무겁게 담은
택배 상자를 받았습니다

그대의 마음이
포장지 속에 녹아 있겠지요

보내온 그대 생각에
그리움은 나를 덮어갑니다

금강 둑을 걸으며

쉼 없이 흐르는 강가
낚싯대를 펼쳐 놓고
추억의 물결을 따라간다

얕은 물가에 발 담그고
젖은 모래로 작은 성을 쌓으며
동무들과 엮은 이야기

물고기를 낚듯
낚싯대로 걸어 올리는
잃어버린 유년의 강

그 시절 그리움이
내 마음속으로 흘러오면
그리움을 따라 강변길 걷는다

가슴앓이 2

그리운 마음이 밀려와
조용히 눈을 감았습니다

그대 모습이
파노라마처럼 떠오르네요

보고 싶은 마음이 밀려와
눈을 슬며시 떴습니다

가슴속 깊은 곳이
나도 몰래 저려올까 봐

탐문

멀리 떠난 너를
헤매며 찾으면
이 세상에 있을까

보고픈 그리움은
빛보다 빠르게 오니
찾아야만 한다

슬픈 연가 1

다가가려 해도 다가갈 수 없는
잡으려 해도 잡을 수 없는
고귀한 황새 같은 님아

당신과 나는 이 하늘 아래서
함께 살아간다는 것은
고통 어린 행복 속의 아픔이지요

우리에게 펼쳐진 삶은
하늘에 뜬 달과 태양의 주기처럼
살아가야 할 수밖에 없는 운명

하늘에서 빛을 줄 수 없고
밤하늘로 다가갈 수 없기에
그리움을 가슴에 묻고 살아갑니다

그리움 2

몸은 멀리 떠나갔어도
네가 이 세상에 살아있는 한
그리움은 내 마음속에 머문다

봄바람이 불어오는 길목에서
나지막이 속삭이던 너의 목소리
아직도 귓가를 돌고 있다

힘겨워도 견뎌라
행복하게 잘 살 거야
말할 수 없었던 내 입

아마도 죽는 그날까지
잊지 못하는 내 마음은
너를 그리며 살아갈 듯하다

낯선 길

처음으로 내 가슴에
길이 열렸습니다

내 가슴속에
생긴 길 하나

그대의 그리움이
내 가슴속에 길을 새겼습니다

손 편지

문명의 빠른 흐름 속에
잊혀지는 편지지에 마음을 담는다

문자로 쓰면 순식간에 닿을 수 있지만
종이 위에 남겨진 마음은 세월을 따라 흐른다

마음을 담아 쓴 글씨가
그대의 가슴에 스며들면 어떤 울림을 남길까

내 마음이 어떤 모습으로 돌아올까
그리움이 앞서 손끝을 맴돈다

길고 긴 시간 속에 써 내린
마음을 담은 편지를 읽고 또 읽은 후
봉투에 담아 보내니 그대가 그리워진다

편지를 읽고 그대의 마음이 내게 닿을 때
어떤 빛이 되어 올지 그대의 마음만을 기다린다

그리움이 없는 사랑

그리움이 없는 사랑은 사랑이 아니다
그리움이 없는 애정이 시들어버린 사랑은
허수아비 사랑이다

노랗게 물든 논 가운데 홀로 서서
참새들이 지저귀며 날아오르는 사이
논 주인을 기다리는 것은 사랑이 아니다

능수버들이 봄바람에 부드럽게 흔들리고
갈대는 갈바람에 길게 휘어지는 것처럼
그리움이 다가오면 손잡아 주어야 한다

손안에 넣고 피리를 불다가 풀잎이 헤지면
땅바닥에 버리는 것 같은 사랑은
그리움을 가슴속에 묻은 풀피리 사랑이다

그리움에 진심이 담겨 있어야 하고
사랑도 가슴속을 모두 내 보일 때
가슴의 쓰라림은 사라지고 사랑이 꽃핀다

그 사람

청춘을 엮어주고 떠난
그 흔적도 없이 사라진 사람

내 가슴에 기쁨을 주고
그리움의 그림자만 남긴 사람

이 가슴에 아픔을 주고
그리움만이 서서히 퍼지 듯 떠난 사람

잊으려 하면 생각이 더 나고
잊히지 않는 그리움에 가슴이 쓰라리던
내 가슴을 가득 채웠던 사람

잊은 줄 알았는데 그 모습 다시 보니
가슴은 어느새 파도처럼 뛰는 사람

인연

우리가 걸어가는 인생길 위에
그대를 만나지 못했다 해도
내 마음의 진심은 변치 않는다

홀로 품은 이 마음이라도
그대와 마음이 닿지 않으면
인연은 끝내 맺히지 않으리

그대는 내 마음 깊이 스며
잔잔하던 내 안을 뒤흔들어
끝내 내 마음에서 지울 수 없다

오늘도 그대의 기억은
내 가슴에 속삭이며 남아
그리움이 닿기를 기도한다

이충 분수공원에서

이충 분수공원 잔디밭
까치 한 쌍이
깃털 사이로 저녁 햇살을 주고받는다

하루 종일 햇볕을 안고 선
아름드리 참나무 가지를 넘나들며
잔디밭 위 연둣빛 꿈을 굽어보며
이해할 수 없는 음률로 사랑을 흩뿌린다

고요히 내려앉는 땅거미
산등성 후미진 자리
가로등 하나 둘 빛의 숨결을 틔우면
하루를 털어내는 발걸음들
땀 냄새 사이로 저녁 바람이 스며든다

기다리던 그대는
저만치 황혼의 그림자 사이로 걸어가고
나의 고요한 침묵을 지나쳐
공원의 둘레 길 어딘가에
생각의 씨앗을 심고 있나 보다

어둠이 내린 텅 빈 공원

잔디 위엔 발자국의 숨결만 남고
여명이 퍼지면
또 하루가 심장을 두드리리라

슬픈 연가 2

너를 믿고 군대 갔지
안심하며 뒤돌았는데
멀어진 세월 끝에서
너는 나를 놓았구나

야속한 이 징집이
우리 사이 끊었을까
원망해 본들 무슨 소용
너의 맘은 떠났겠지

그럼에도 남아 있는
내 마음속 너의 잔상
문득문득 떠오르며
밤을 적시는 그리움

청춘은 떠나가고

푸르던 청춘은
가을 낙엽처럼 단풍이 들고

싱그럽던 마음은
잎이 떨어진 나뭇가지로 남는다

햇살이 비쳐도
허전한 가지만을 만지며 땅가에 닿고

그리움은
빈 가지에서 솟는 새싹을 기다린다

떠나간 봄은 어김없이 오지만
지나간 세월은 다시 오지 않는다

그 시절을 떠올리며
되돌아보는 인생길

아 ~ 옛날이여
그 풋풋함으로 다시 갈 수 있다면

복숭아 처녀

산 고개 넘어선 산비알 밭
복숭아가 살포시 익어가면

먼 곳으로 떠난 그리운 님
여름이면 어김없이 찾아오리

신선처럼 빛나는 그 님은
맑게 씻긴 복숭아를 보고
기쁨에 환히 웃음꽃을 피우겠지요

뜨거운 햇살에 젖은 손등 위로
땀이 여름 비처럼 흐르는 무더운 날에
슬며시 발걸음 한 그 님

복숭아나무 그늘 아래서
시원한 한줄기 청량제가 되어
그리움의 마음을 적시어 준다

제3부

그리움의 강

그리움의 강 1

이 세상에 커튼 친 어머니
창문 열어도 그 모습 볼 수 없구나

회전의자에 앉아
창문 밖 내다보시던 당신

대문을 열고
2층 창문 올려보아도
그리운 얼굴은 어디에도 없구나

어디로 가야 그리움 녹일 수 있을까
뚫어져라 날 바라보시던 어머니

불 꺼진 방

헤어진다는 것은
다시 만날 약속 속에 숨을 쉬지만
사라진다는 것은
손끝에 닿지 않는 빛의 잔영

만나고 헤어지는 것은
살아 있어 느낄 수 있는 것이지만
소풍을 끝낸다는 것은
이 세상을 걷던 발걸음이 멈추고
남겨진 공기만 흔들리며 흔적을 남긴다

밤마다 밝게 불을 밝히던
어머니의 방
쿨럭이던 기침소리 사라지더니
불빛은 이제 어둠 속에 잠겨 있다

닫혀있는 문을 열면
웃으면서 반겨주실 것 같은 당신
손을 뻗어 문을 열어보아도
공기처럼 어둠 속으로 사라진 어머니

신 고려장

온기 식은 숲에 홀로 앉아
사라진 발자국을 끝없이 기다린다

편안하게 모셔다 준 자가용
떠날 때 뒤에서 울린 저음의 굇바퀴 소리
허공에 흩어진 마지막 인사와 같은 울림

보고 싶어 창문에 남긴 손자국
바람에도 지워지지 않고 기억처럼 쌓여간다

흐릿한 눈물 속에서 서성이는 그림자
손을 뻗어도 닿지 않는 그리움처럼

오늘도 살아있어 그리운 내 핏줄
꽃 속에서야 내 품으로 돌아올지
나는 숨죽여 기다린다

빈자리 1

어머니가 내려놓은 이 세상
등에 짊어지고 가려 하니
하늘빛이 잿빛으로 흘러내렸다

손잡고 거닐었던 소풍길
가벼운 마음이었거늘
짙은 먼지 속에 숨겨진 하루하루

갈바람에도 흔들리는 이 맘
그리워지는 님의 그늘
깊은 바다 밑 어둠처럼 내 마음을 채운다

떠난 뒤에 찾아본들
사라져 간 나의 어머니
모래시계를 거꾸로 돌려
손잡고 걷던 길로 돌아가고 싶다

핵가족

밥을 먹는다
웃음이 사라진 냄새만 식탁 위에 남고
바닥이 드러난 반찬통이 외로이 열려 있다

식구들의 이야기가 깃든 그 자리
틈이 벌어져 삐걱이며 숨을 고르고
휘청이는 두 다리는 세월의 무게를 견디고 있다

행복이란
함께 웃을 때 피는 꽃
홀로 남으면 그 꽃은 천천히 시들어간다

깃털 같은 마음이 식기 전에
다시 식탁을 채우고
그리운 목소리에 귀를 기울이리라

대폿집에서

막걸리 한 모금 마시면
아버지의 손 냄새가 떠오른다

길을 걷다 목이 컬컬해지면
낡은 문틈 사이로 피어나는
달콤한 막걸리 향이 기억 속을 채운다

칠십까지만 살아계셨어도
손잡고 함께 걸었을 골목길
아직도 그날처럼 연기 자욱할 텐데

내 나이 되기도 전에
빈자리만 남긴 그리움

막걸리 잔에 비친
돌아올 수 없는 아버지의 얼굴

감나무 바라보며

여름의 더위에 숨죽인 감나무
붉은 열매를 열 손가락 안에 담듯 솎아낸다

가족들이 초겨울이면 손에 쥐던 달콤한 감
올해는 붉은빛만 바라보며 입술에 침만 머금겠구나

그것을 알고 계셨는지
지난여름 감나무 아래 그늘로 떠나신 어머니

올겨울 창가에 햇살도 닿지 않는 빈방
그리움에 눈썹마다 고드름이 맺히겠구나

보고 싶은 어머니

날 낳아준 어머니
산 중턱 흙이 되었다

살아계실 적 느끼지 못한
어머니에 대한 그리움

왜 이제야 느낄까
떠나면 사라진다는 사실

상처 1

평생을 모신 보람도 없게
어머니는 왜
내 가슴에 대못을 박게 했을까

평생을 행복하게 모시려 했건만
이제 그리워하는 마음만 떠올라
이 죄인의 가슴 흔들고 있다

가끔씩 울컥 밀려오는
회한의 정에
나도 모르게 흐르는 눈물

눈을 감아야만 사라져 갈
마음 깊이 새겨진 업보
내 가슴에서 지워졌으면

미끄럼 놀이

눈이 내리면
비닐포대에 몸을 실어
어린 날의 동산에 오른다

경사면에 쌓인 눈 위로
볏짚단 담은 비닐 썰매가
총알처럼 미끄러진다

뒹굴고 넘어지며 미끄러지면
어머니의 근심은 서산마루에 걸리고
혼날까 두려워 숨어든 그때의 나

눈이 내리면
그 시절 다칠까 걱정하시던
어머니의 잔소리, 그리움이 된다

모정

바닷물에 낚싯대 드리운
갯바위 품에 파도가 밀려온다

손끝으로 쓰담하며 떠났다가 돌아오고
때로는 하얀 거품을 입에 물고 되돌아온다

그 마음 헤아릴 수 없는 나는
저 멀리에 서 있는 파란 바다를 본다

바닷가에 서있는 어머니도
그리움을 품고 서 있을 것이다

흐릿한 눈빛 속에 들어앉아 있어야
사랑이 근심으로 돌변하지 않는 님

파도가 고요해지면 떠나야 한다
사랑하는 어머니 곁으로

털장갑

바람 찬 겨울 손을 감싸주며
따스한 온기 전해준다

그 가슴에는
어머니의 사랑이 스며 있다

그리움이 떠오르면
눈물이 얼어붙은 듯 찡한 코 끝

평생을 녹인 가슴속 근심에
아직도 내 가슴에 전해오는 온기

그리움의 강 2

토실하던 가슴 다 비워주고
앙상한 뼈만 남으신 몸으로
땡볕이 내리는 유월의 콩밭에서
풀을 뽑으시던 어머니

마음 편히 그늘에 앉아
잠시 쉬어 갈 수도 있었건만
당신의 몸이 삭아 녹을망정
자식에게 퍼주시던 마음

온몸이 땀에 젖어도
여린 몸으로 고단한 내색 없이
넓은 밭을 두 손으로 품으며
자식 생각에 쉬지 않으신 사랑

당신의 까만 얼굴 속 눈동자에
그리움이 가득 담긴 줄도 모르고
눈치 없이 살아온 이 못난 자식
그리움에 남몰래 눈물을 삼킵니다

그리운 어머니

어머니가 하루라도 더 살아계셨더라면
이토록 내 마음은
갈기갈기 찢어지지 않았을 것입니다

어머니가 1년 만이라도 더 살아계셨더라면
어머니께 더 사랑을 드리지 못한 나의 후회가
내 마음을 짓누르지 않았을 것입니다

어머니가 지금도 내 곁에 살아계신다면
나는 어머니의 품속에서 웃고 울던 아이처럼
당신께 행복의 꽃을 피우며 살고 있겠지요

그리움 3

살아계실 적에는 몰랐다
그리움이 눈물이 되어 흐를 것임을

당신들이 떠나간 자리에
그리움이 파도처럼 밀려와
내 마음을 채우고 있음을 이제야 느낍니다

살아계실 적
내가 잘못한 것만 떠오르니
나는 불효자로 살았나 보네요

삶을 걸어가는 길에
불쑥 떠오르는 당신 생각
그리움이 나도 모르게 쌓여만 갑니다

봄이 오면

2층 방 창문을 기웃거리는 목련나무
매년 어김없이 꽃을 피우며 찾아왔는데
지난겨울 꽃눈이 얼어붙었나 소식 없다

입춘이면 창문 열고 꽃망울 살피던 어머니
꽃이 피어도 그 순간을 함께 할 수 없으시고
긴 겨울밤 목련은 소리 없이 잠들었다

이 봄이 무르익어 하얀 꽃이 피어나면
그 꽃을 어머니의 자리에서 내려다보게
겨우내 잠긴 창문을 활짝 열어 두리라

붉은 단풍잎

낮에 놀다 잊어버린
나뭇잎 하나
어머니가 좋아하시던
붉은 단풍잎

살아계실 적
그 품에 안겨드렸었는데
이제는 돌아올 수 없는
그 먼 곳에 계시니

눈 감아야 떠오르는
당신 모습에
남몰래 눈가를 흘러내리는
그리운 눈물

200자 원고지

어머니가 사준
한 묶음의 하얀 원고지

깻잎 반찬 팔아 공부시킨
그 정성 잊을 수가 없다

어머니 글 쓰다 보면
그리워지는 200자 원고지

슬픈 연가 3

나의 눈에 눈물을 심고
떠나신 어머니

보고파 그리웁고
가슴이 미어지는 이 아픔

봄이 오고 꽃이 피는 계절이면
꽃을 돌보시던 어머니

하얀 목련이 꽃피우는 이 봄에
빈 방 창문 너머에서
저 홀로 피어나고 있습니다

후회

어머니가 숭조원으로 떠나신 날
뜨거운 고통이 한여름 땡볕과 밀려왔지요

당신은 이승에 오래 살아 미안하다
자식 가슴 편히 해주시겠다는 그 사랑의 말이

내 귓바퀴를 돌아 가슴으로 다가올 때
두 눈에는 나도 모르게 흐려져 갔습니다

99세까지 팔팔하게 모셨더라면
이 가슴 이렇게 무너져 내리지 않았을 텐데

자식 도리로 어찌할 수 없는 면역병
함께 더 살지 못한 가슴은 허공에 흩어집니다

상처 2

어머니가 남기고 가신
내 마음속에 남아있는 아픔

그 아픔이 사라지려면
언제쯤 나의 가슴에서 떠날까

내 가슴속에서 지워지지 않는
어머니께 다하지 못한 사랑의 후회

그리움이라는 이름, 어머니

눈을 감으면
어머니의 미소가 떠오르고
눈을 뜨면
당신의 빈자리가 아픔이 됩니다

가슴 깊이
살며시 스며들어
아지랑이처럼 오시는 어머니

생각만 해도
숨결에 젖는
그리움이라는 이름, 어머니

빈자리 2

어머니가
나를 부르시던 소리에
빠르게 대답을 못했네

지금은
어머니를 불러도
바람만 지나갈 뿐이네

그때 조금만
더 일찍 응답했다면
답답한 맘 덜어드렸을 텐데

텅 빈 방을 향해
어머니를 불러보니
그 마음 알 것 같네

당신의 자리

자식이 건강하게 커가도록
진자리 갈아 뉘시던 어머니
마른 자리인 줄만 알았던
당신의 자리가 눅눅한 줄 몰랐습니다

개숫물에 손이 젖을 때
잠결에 찾는 아이의 나직한 울음소리
급한 마음에 옷깃에 물기를 닦고
윗저고리 풀어헤치셨지요

따스한 온기의 심장소리 들으며
금세 평온해진 얼굴을 바라보며
마른자리 살펴주시고는
다시 물에 손을 담그셨던 당신

살림을 내어주던 그 순간까지
가시고기처럼 모두 비우시고
지난여름 오래 살아 미안하다며
기거하던 방을 물려주셨지요

지난해도 숨이 막히던 한여름
펄펄 끓는 불가마 속에서 살며

한 푼이라도 아껴주시려고
시원한 바람도 외면하셨지요

건강 걱정 말라는 그 말보다
피해 주기 싫다던 그 한마디
아직도 가슴에 남아
바늘 끝처럼 속을 찌릅니다

그리하지 않으셔도 되었건만
리모컨으로 나누던 그 온기
사랑을 주고받은 짧은 기억이
날마다 밀려와 밤을 적십니다

그립습니다, 어머니

어머니 살아계실 때
못 드린 따뜻한 말 한마디가
울컥울컥 치밀어 오르며
내 가슴을 적셔 옵니다

한 번 떠나시면
다시 오지 못한다는 걸 알면서도
내 생에는
늘 함께 하시리라 믿었습니다

문득 비워진 어머니의 방
정적만이 벽을 타고 흐르고
남아 있는 온기를 더듬어 봅니다

아버지 곁으로 가신 당신은
액자 속 미소로 남아
매일 나를 조용히 내려다보십니다

보고 싶어도 볼 수 없고
따스함을 느끼려 해도 아니 계시니
그리움만 가슴에 깊이 새깁니다

살구

장마가 멈춘 틈 사이로
커튼을 쳤던 구름이 열리며
황금알이 얼굴을 내민다

녹음에 꼭꼭 숨어
술래가 놓친 열매 하나
오래된 햇살에 빛을 드러낸다

이제는 볼 수 없는 님이
창가에 앉아 즐겨 드시던
유일한 여름 과일인 살구

잘 익은 것 하나 따서
산등성 너머 님을 그리며
지난날을 천천히 되새긴다

징검다리

초등학교 등굣길 냇가에
발이 젖지 않도록
아버지가 만든 돌다리

개구리처럼 가볍게 뛰어 건너
친구들 만나러
즐겁게 학교로 가던 길

차가운 바람 불던 날이면
고마움이 하늘만큼
느껴지던 그 다리

시멘트 다리에
자리를 내주며
추억 속으로 사라져 간 다리

제4부

추억 속에 갇힌 그리움

약속

나무에 등을 기대고
잔잔히 숨 쉬는 호수를 바라본다

안개 자욱한 수면
손에 쥔 돌을 던지니
잔물결이 마음을 흔든다

평온하던 내 마음
떨리는 가슴 사이로
안개처럼 스며드는 님 얼굴

안개 걷히면
님 향한 그리움이 파도처럼 다가오려나
햇살이 미소 짓듯 호수를 쓰다듬는다

꽃비 내리던 날

하얀 비가 내리던 날
그대 생각하며 길을 걷노라면
손잡고 거닐던 그 모습이
내 가슴에 파도처럼 밀려든다

하염없이 비를 쏟는 거리
흠뻑 젖은 그림자처럼 홀로 걷는 나
다정한 연인들의 웃음이
그리움의 파도로 밀려온다

빗속을 함께 걸었던 기억
아름답던 날들의 속삭임 잊혔나
쓸쓸히 저무는 노을 바라보며
빈 가슴속
봄꽃 한 송이 피어나길 기다린다

태양

날마다 붉게 떠오르는 너를 보고 싶었구나
날마다 빛을 가르며 세상을 궁금해했구나

드리워진 구름을 걷어내고
언덕과 골짜기까지 빛을 비추었구나
세상은 너의 빛줄기에 깨어났구나

날마다 사랑하고 싶어
눈부신 얼굴에 땀방울 맺혔구나
세상 구석구석 너의 온기가 스며들었구나

1번 국도

평택 1502번 시내버스에
내 삶을 실었습니다

목포에서 신의주까지
오르내리는 길

앞으로 나란히
줄지어선 은행나무

늦가을 정취
창문 밖에 쏟아내는데

그리움은 지금
무얼 하고 있을까

봄비

하늘을 떠도는 구름이
촉촉이 내리는 봄비

삼천리금수강산
봄바람에 쉬어가는 산길

꽃비가 구름처럼
바람을 타고 흩날리면

보고픈 그리움
꽃비에 실어 마음 전하리

평택 노을

노을 물든 강변 자전거 길
붉은 바람 안고 페달 밟아 본다

싱그러운 녹음 계절
풀잎 사이로 맑은 웃음소리 들려오고

접동새 날갯짓 안녕 인사
가슴속 잔잔히 물결친다

님 생각이 흘러들면
가슴속 빈 호수에 잔물결 일고

보고픈 맘 바람에 실려 커지고
그리움 새싹처럼 가슴에 돋아난다

비 오는 날 창가에서

비가 내립니다
창가 유리 위로 튀는 빗방울
하늘로 닿는 내 마음을 살포시 띄웁니다

구름을 타고 흘러가는 바람 속
촉촉이 젖은 그리움
빗방울이 되어 그대 마음에 배어듭니다

그대 마음에 닿지 못할 때면
창가로 흘러내리는 빗줄기를 따라
내 마음도 조용히 그대 안으로 젖어듭니다

오늘 밤

비가 내리는 초겨울 밤
눈꽃마저 바람에 흩어진지 오래

눈이 내리면 오신다던
기다림을 품은 내 마음에
그리움의 불빛을 남긴 님
추적추적
겨울비가 내립니다

사랑도 아픔이 있어야
깊어짐을 알면서도
비 내린 창가에 홀로 남은
내 마음

내리는 비가 눈이 되면
꿈길 위 희미한 별빛 속에서 만나
사랑이 익어가길 빈다

단풍 계절에

낙엽이 바람에 흩날리는
산 여울 물빛에 햇살이 섞인
깊은 골짜기

울긋불긋 단풍객
산길 따라
파도처럼 밀려오는 발자국 소리

장태산 편백나무 숲에서
바람에 스며드는 기다림처럼
그리움이 물결친다

머리 위에 흰 눈 내릴 때
그대는 올까
아니, 여전히 오지 않을까

진눈깨비

눈이라 불리면서도
사랑을 받지 못한 외로운 별처럼
감나무 잎 쌓인 담장 아래로 쓸리어 갔다

무지갯빛 날개를 걸치고 날아오면
사랑을 찾는 그리움 속에 잠긴 청춘의 가슴에
다가가지 못하는 아픔처럼

눈사람으로 탄생하지 못하는
가슴 아픈 강을 건너며
콘크리트 바닥에 멈춰버린 꿈

나도 따스한 온기에 안기어
이 추운 겨울 눈 속에서
그리운 눈꽃을 가슴에 안아보고 싶다

별을 바라보며

그대가 남겨놓은 그리움이 시간 속을 뛰어가고
기다림이 가슴에 주저앉아 은하수를 바라보며
긴 숨을 들이마시는 가을밤

외롭다고 손짓하며 소리쳐 불러 보아도
안갯속으로 사라져 간 그대를 향한 아픈 가슴
깊어가는 어둠 속에 그리움이 잠겨듭니다

노을 강가 돌을 주워 던진 흐르는 물결 반짝이고
그대의 잔영이 물 위로 튀어 오른 납작한 돌처럼
내 시각 속에서 멀어져 간 추억

텅 빈 나뭇가지에 새순이 피어나듯이
시린 가슴에 쌓인 그리움이 열어놓은 창틈으로
남몰래 별이 내리는 하늘 바라봅니다

추억 속에 갇힌 그리움

진위천 제방 둑 억새 길을 걸으며
그리움이 떠나간 발을 담그던 물가에서
맑은 물에 손을 담근다

고요하게 흐르는 하천 물은
작은 턱을 뛰어내리며
손잡았던 그때처럼 미소 짓는다

지금, 내 가슴을 흔드는 것은
추억이 보내준 그리움
눈 감으면 떠오르는 아름다운 이야기

푸른 시절 별을 살피며 깨어 있던 눈동자
기쁨을 쏟아내던 젊음은
억새를 닮아 바람에 흔들리는 걸음 걷는 삶

진위천을 걷다 보면
나도 몰래 다가오는 무심코 지나친 그리움이
내 가슴 깊이 녹아든다

수증 연기

이른 아침 새벽 숨결 품고
파란 하늘에 오르면

구름은 반갑다고 나를 안고
따스히 가슴으로 안아 준다

꿈을 꾸며 헤매던 세상
바람과 함께 길을 걷고

오랜만에 만난 그리움은
기쁨의 비로 녹아내린다

호수

햇살이 물 위에 내려앉아
그리움에 잠긴 내 마음
빛을 붙잡고 떠나지 않는다

물 깊은 바닥에 내려앉은 구름은
수초에 몸을 맡기고 떠날 줄 모르며
숨은 마음들만 물속에 잠든 채 있다

가로등이 길을 비추면
구름 속을 지나 별이 흘러 내려와
물 깊은 곳에서 잠든 하늘의 빛

맷돌포

맷돌포 바닷가에 가면
그리움이 파도처럼 밀려온다

썰물로 빠져나간 갯벌
조개들이 남긴 작은 흔적마다
그대의 숨결이 젖어든다

바닷가 흰 눈을 손잡고 떠나 드러난 모래사장
미처 따라가지 못한 작은 게
졸린 눈을 비비며 발을 서둘러 옮기고
바닷물은 멀리서도 손짓하며 뛰어오라 한다

그리움과 뛰어놀던 청춘의 바다
푸른 날의 그림을 가슴에 그리며
손을 꼭 잡고 거닐은 바닷가 백사장 위엔
지난날의 발자국이 파도 속에 삼켜져갔다

마음속 깊은 곳에서 나의 발길을 부르는
이 바다에 오면 그리움이 물결처럼 밀려온다

물소리

작은 폭포에서 물소리가 떨어져
내 가슴 깊은 곳까지 밀려온다

눈을 타고 들어오는 그 소리가
귓속으로 전해지면
물 표면에 파문을 일 듯
내 가슴에서 물결처럼 흐른다

그리움과 한적한 폭포에서
서로를 갈망하며
마음속 불꽃이 뜨겁게 타오르다
틈새바람에 사라져 버린 우리의 사랑

지금은 같은 하늘 아래
서로의 그늘 속에서 살아가며
물처럼 허망하게 그리움만 남은 우리

그리움 4

나의 가슴에 깊숙이 들어앉아
그대를 생각하는 애절함

이룰 수 없는 인연이라면
가슴 앓이나 하지 말 걸

긴긴밤 베갯잇 적시며
보고 싶은 바람에 흔들린 마음

아침 이슬

그리움이 그 얼마나 컸으면
밤새 피어난 열기 속에 꽃잎 끝 맺혔을까

그리움을 품고 맞이하는 여명 속
어떤 아픔을 품고 있었을까

햇살이 떠오르면 그 안에 스며드는 아픔은
무엇을 위한 그리움이었을까

스쳐가는 인연으로 만난 그리움은
시간 속에 얽히며 함께할 수 있을까

빈 봄

아지랑이 피어나는 들녘에서 캐온 봄나물
식탁 위에 남은 나른함을 씻어내듯
정성스러운 손맛으로 구수한 된장국을 끓인다

추운 겨울에는 맛볼 수 없는
싱싱한 내음이 입안을 가득 채우고
온몸으로 전해지는 향기가 입맛을 돋운다

몸이 맑아질 것 같은 이 밥상 위로
그 사람과 따스한 길을 함께 걷고 싶지만
겨울이 떠나고 햇살이 무르익어가도
창가에는 그리움의 적막만이 흘러내린다

봄이 가고
계절이 다시 돌아올 무렵엔
그 사람과 마주 앉아
된장국처럼 따스한 말을 나눌 수 있기를

봄의 끝자락에서

창문을 열면
들려오는 새소리에
녹음이 짙어가는
봄의 끝자락

짙은 화장을 한 무희처럼
살랑이며 춤추는 나뭇가지는
꽃피웠던 그 시절을
기억하나 보다

조용한 음악소리에
화음을 맞추듯
귓속으로 스며드는
새의 노랫소리

그리움 찾아 떠도는 영혼을 위해
풍성한 잎새로
여름 볕을 가려주고
바람결에 실어
만남의 숨결을
전해주었구나

사랑을 찾아
맴도는 날갯짓을 보며
내 마음이
저리도 흔들리는 것은
아직도 그대가
내 가슴에 머물기 때문일 게다

지친 목청으로
끝없이 지저귀는 새
그리움이
그토록 짙어서일까

어둠이 내려와도
멈추지 않으리

나도 저 소리 따라
그리움을 불러 본다면
단풍이 지기 전
다시
그 손...
잡을 수 있을까

밤비

어두운 밤
창문을 두드리는 소리에
살며시 문을 열어보니
그리운 님의 그림자 대신
가만히 떨어지는 빗물뿐

비가 오려면
소리 없이 스며들었으면
가라앉은 마음결을
이리도 흔드는 것은
님이 보낸 전령이던가

비 내리는 이 밤
님은 꿈결 따라
나와 손 맞잡고
노래조차 없이 걷는 걸까
내 마음 끝도 모르고

슬픈 연가 4

바람에 실려 온 민들레 홀씨
뿌리내려 싹 틔운 노거수

지나가는 시선들이 머물다
말없이 고개를 젖힌다

살을 맞댄 채 세월을 품고
꽃 진 자리엔 아픈 상처만 남아

텅 빈 그 자리엔
그리움만이 조용히 숨 쉰다

바람 부는 날

바람이 부네
바람이 부네

마을 어귀 성황당 느티나무
가지 끝에 바람이 부네

바람에 흔들리며 손짓하던
여린 가지 같던
그대가 그립네

뜨겁던 여름날
그늘 아래 마주한
다정했던 기억들

저물어가는 이 가을
휘날리는 낙엽처럼
바람에 흩어지지 않길 빈다

늦가을

붉게 물든 단풍잎이 떨어지면
나는 그대와 손잡고 거닐던
산길을 떠올립니다

바람에 흔들리며 떨어진 낙엽을 주워
벌레가 뚫고 간 작은 구멍 너머로
그대 가슴 깊이 머물던 마음을 들여다봅니다

파란 하늘을 한 줌 쥐어
햇살에 뜨겁게 그을린 내 가슴을
조용히 식혔습니다

바람이 스치고 간 산길엔
단풍잎이 수를 놓듯 흩어져
두 눈을 타고 마음속으로 스며들어
푸르던 날의 작은 추억이 쌓여갑니다

가슴에 담아두었던 그대 마음도
어딘가에서 나를 품으며
지나간 계절을 되새기고 있겠지요

붉게 물든 단풍 길을 따라
그리움을 불러내어 조용히 걷는 늦가을
이 순간만은, 부디 꿈이 아니길

가을

긴 침묵 속에 닫혀 있던
마음의 창을 연다

깊고 파란 하늘에
그대가 피어난다

강가에 앉아
미래를 속삭이던 우리

손을 잡고
골목 어귀를 돌던 그날

바다 같은 푸른 하늘에
내 마음을 띄운다

그리움 5

꽃잎이 바람결에 흩날려야
그 빛나는 순간을 기억하고

사랑이 먼 길을 떠나야
손끝에 남은 잔향을 느낀다

함께 있을 땐 미처 몰랐던
보고 싶어 애태우는 불꽃

참깨 밭에서

토실토실 익은 참깨
하늘을 품고
밭두둑에 눕는다

윤사월 해 길어질 때
꿈을 엮어온 다랭이 밭
가슴을 활짝 열어
햇살을 머금는다

집 떠난 그리움
보고픈 사랑이 안기면
깨를 털어
바리바리 쌓아 주는 마음

자식은 오지 않아도
가슴을 열고 있는 열매
기다림으로 가득 차
세상을 품는다

그리움 삭인 편지

깊은 밤
그리움으로 적은 편지

그대 마음 모를까
조심스레 적은 편지

그대 마음에 닿기 전에
그리움이 사라지지 않을까

보내놓고 가슴 졸이는
사랑의 말들

네온사인

길 옆 벽에 기대어
당신의 발걸음 기다립니다

내 가슴에 놓인 그리움이
어서 오라 손짓하네요

차가운 발걸음이라도
반갑게 맞아들이지만

나를 외면하신다면
그리움으로 밤을 밝히리라

설화(雪花)

밤새 하늘 향한 고독한 외침
세상을 그리워하는 생명의 몸부림
순백의 꽃피워놓고 하늘 거울에 담아본다

맑은 호수 바닥에 비치는 미러링*에
너의 모습 담긴 맑은 마음은 흰 날개 펼치고
내 가슴에서 솜사탕처럼 사라져 갈 꽃이여

노하지 않은 하늘이 내려준 선물
순수한 최고의 기운이 물과 같이 흐르니
세상사 이롭게 할 뿐 다투지 않는 천기(天機)

* : 미러링
컴퓨터 그래픽스에서 어떤 도형의 거울에 비친 이미지를 표시하기 위하여 조작하는 일.
표시면에 있는 하나의 직선을 축으로 하여 표시 요소의 전체나 일부분을 180° 회전하여 화면에 표시한다

그리움의 바다에 이는 파도

진영학 시집

초판 1쇄 인쇄일 2025년 11월 24일
초판 1쇄 발행일 2025년 12월 01일

지 은 이 | 진영학
펴 낸 이 | 진영학
기획·편집 | 진혜지

펴 낸 곳 | 초승달 글방
출판등록 | 제391-2024-000007
주   소 | 경기도 평택시 점촌로 9번길 18(서정동)
대표전화 | 010-3895-9510
이 메 일 | jinpaesong@naver.com

ISBN | 979-11-988832-1-6

* 저작권법에 의해 보호받는 저작물이므로 저자와 출판사의 동의 없이 내용의 일부를 인용하거나 발췌하는 것을 금합니다
* 파손된 책은 구입처에서 교환해 드립니다